BEI GRIN MACHT SICH IHR WISSEN BEZAHLT

David Jugel

Die Genese der Erziehung in der römischen Republik

Zwischen "mos maiorum" und hellenistischer "paideia" – Zäsur oder Entwicklung?

GRIN Verlag

Bibliografische Information der Deutschen Nationalbibliothek:

Die Deutsche Bibliothek verzeichnet diese Publikation in der Deutschen National-
bibliografie; detaillierte bibliografische Daten sind im Internet über http://dnb.d-
nb.de/ abrufbar.

Impressum:

Copyright © 2011 GRIN Verlag, Open Publishing GmbH
Druck und Bindung: Books on Demand GmbH, Norderstedt Germany
ISBN: 978-3-640-91277-3

Dieses Buch bei GRIN:

http://www.grin.com/de/e-book/171774/die-genese-der-erziehung-in-der-roemi-
schen-republik

GRIN - Your knowledge has value

Der GRIN Verlag publiziert seit 1998 wissenschaftliche Arbeiten von Studenten, Hochschullehrern und anderen Akademikern als eBook und gedrucktes Buch. Die Verlagswebsite www.grin.com ist die ideale Plattform zur Veröffentlichung von Hausarbeiten, Abschlussarbeiten, wissenschaftlichen Aufsätzen, Dissertationen und Fachbüchern.

Besuchen Sie uns im Internet:

http://www.grin.com/

http://www.facebook.com/grincom

http://www.twitter.com/grin_com

Philosophische Fakultät
Institut für Geschichte

Hauptseminar: Familie und Gesellschaft in Rom
Wintersemester 2010/2011

Seminararbeit zum Thema:

Die Genese der Erziehung in der römischen Republik

- Zwischen *mos maiorum* und hellenistischer *paideia* – Zäsur oder Entwicklung? -

Vorgelegt von: **David Jugel**
Studiengang: Lehramtsbezogener Bachelor-Studiengang
                   für Allgemeinbildende Schulen
                   Geschichte
                   Gemeinschaftskunde/Rechtserziehung/Wirtschaft
                   5. Fachsemester
Datum: 15.03.2011

Inhaltsverzeichnis

1. Einführung

Educatio maximam diligentiam plurimumque profuturam desiderat; facile est enim teneros adhuc animos componere, difficulter reciduntur uitia quae nobiscum creuerunt. (Sen. de ira 2, 18, 2). Die römische Erziehung verlangt nicht nur Sorgfalt, Nutzen oder das Ordnen – auch wenn Seneca damit zentrale Konzepte der Erziehung beschreibt – vielmehr kann sie als das Lebenselixier der römischen Republik aufgefasst werden, in der dessen Werte und Ideal fließen. Doch welche Venen durchläuft dieses Lebenselixier und was treibt es an?

Das Wesen der Erziehung und der Bildung der römischen Republik soll Gegenstand der vorliegenden Arbeit sein. Sie geht der Frage nach, was römische Erziehung ist und welche Einflüsse und Konstanten der römische Reproduktionsapparat aufweist. Sie bewegt sich dabei im temporalen Spannungsfeld zwischen altrömischer Erziehung und griechischen Einflüssen, also tradierten vs. adaptiven Faktoren der Erziehung; gleichsam agiert die Arbeit als Vermittler zwischen interdependenten, mikro- und makrosoziologischen Erziehungselementen.

Wollen wir dieses Spannungsfeld erfassen, müssen zunächst die altrömischen Konzepte der Erziehung dargestellt und zeitlich eingegrenzt werden. Nur so lassen sich anschließend der hellenistische Einfluss auf die römische Edukation und dessen Auswirkung untersuchen und in zeitgenössischen und gegenwärtigen Perspektiven diskutieren. Dabei werden ebenfalls Bildungsinhalte und deren Vermittlungsstätte unter der Frage nach Tradition oder Adaption analysiert. Abschließend soll versucht werden, die Spannungsfelder aufzulösen und die Bedeutung der römischen Erziehung herauszustellen.

Dabei fußen die Argumente dieser Arbeit einerseits auf den Werken antiker Autoren und anderseits moderner Fachwissenschaftler. Besonders ist dabei die Arbeit von Henri-Irénée Marrou *Geschichte der Erziehung im klassischen Altertum* hervorzuheben, dessen Abhandlung detailliert und fundiert alle Fassetten der Erziehung darzustellen sucht. Gleiches gilt für Emil Eyben, der in seinem ausführlichen Aufsatz zur *Sozialgeschichte des Kindes im römischen Altertum* den Kenntnisstand der Geschichtswissenschaft breit darstellt. Letztlich sei hier noch Johannes Christes aufgeführt, der dieser Arbeit durch Lexikon-

Artikel, mit einer Antrittsvorlesung oder Monografien zur Seite stand. Auf der anderen Seite müssen die antiken Autoren herausgestellt werden, vor allem Marcus Fabius Quintilianus, der mit seiner Schrift *institutio oratoria,* ein umfassendes Bild über die zeitgenössische Bildung und Pädagogik abgibt. Dabei ist er der erste der Erziehung und Ausbildung zusammenbringt und dabei eine kindgerechte Pädagogik fordert (Giebel 1974: 20). Obwohl er in der frühen Kaiserzeit lebte, schrieb er oft retroperspektivisch und leitete seinen gegenwärtigen Zustand aus den Entwicklungen der Republik ab. So ist er als Hauptquelle für diese Arbeit zu nennen und wird vor allem für die griechisch-römische Bildung immer wieder befragt. Daneben sind unbedingt noch Cicero, Horaz und Tacitus zu nennen, welche sich auch immer wieder der Erziehung und Bildungsidealen zuwenden.

Trotz des umfassenden Konstrukts des bereits Verfassten zum genannten Gegenstand erhebt die vorliegende Arbeit in ihrem qualitativen und quantitativen Rahmen den Anspruch auf Eigenständigkeit ihrer Argumentationsstruktur und den daraus gezogenen Schlussfolgerungen.

2. Erziehung und Bildung in der römische Republik – ein Zweiphasenmodell?

Betrachtet man die römische Bildung und Erziehung zum Ende der Republik, so ließe sich einerseits schwer behaupten, dass deren Ideale ein aus sich selbst erwachsenes und tradiertes Netz gesellschaftlicher Reproduktionsmechanismen sei – zu viel Einfluss hegte die hellenistische Paideia auf die römische Edukation. Andererseits traf jene auch kaum auf ein völliges Vakuum in der frühen römischen Gesellschaft, vielleicht nicht auf ausdifferenzierte Bildungsideale, bestimmt aber auf einen ausgeprägten Erziehungsapparat (vgl. Christes 1975: 130).

Doch wann ist dieser Zeitpunkt des Zusammentreffens hellenistischer Ideale auf römischtraditionelle einzuordnen? Dass Henri-Irénée Marrou dem antiken Rom nie eine völlige Freiheit von *hellenistischer Ansteckung* attestiert und dabei bis ins 8. Jahrhundert zurückgeht (vgl. 1957: 356), mag man über den indirekten Einfluss der mit den Griechen eng verbundenen Etrusker[1] begründen können, kaum ließe sich jedoch diese Annahme auf die Erziehung und Bildung im Ganzen ausweiten. Von einem tatsächlichen Einfluss kann man erst ab dem 2. Jahrhundert, im Zuge der Unterwerfung Korinths, Makedoniens und Karthagos, sprechen. Die Sklaven und Geiseln, welche die Heere nach jenen Kriegen mit sich nach Rom brachten, waren reich an Gelehrten. Gleichsam kam es zunehmend zu Zuzügen aus dem Hellas nach Rom. Erst infolgedessen fanden griechische Vorstellungen von Bildung als eigenes Ideal Einzug in die römische Gesellschaft, in der bis dato Bildung als Selbstzweck erachtet wurde (vgl. Christes 1975: 150). Doch wie kommt es zu dieser verzweckten Vorstellung und was ist überhaupt dieser ausgeprägte Erziehungsapparat auf den die hellenistische Paideia im 2. Jahrhundert trifft?

3. Konzepte der altrömischen Erziehung

Am Ende des 6. Jahrhunderts war die römische Edukation durch den Landadel geprägt. Dieser Zustand wurde mit der Vertreibung der Könige, an denen der Adel den bedeutendsten Teil hatte, auch auf die Republik übertragen. Diese Landverbundenheit hatte in allen Bereichen Einfluss, z.B. auf Bergriffe oder Namen, wie Fabius, Lentulus oder Cicero, welche sich von den Begriffen der Bohne, Linse oder Kichererbse abgeleitet sind – so bestand dieser Einfluss auch auf die Erziehung. Dies spiegelte sich insofern wieder, dass Erziehung eine allmähliche Einführung in das tägliche Leben bedeutete (vgl. Marrou 1957: 338ff). Erziehung vollzieht sich also durch die Reproduktion dessen, was die Jungen von den Alten erfahren und wiederum an die nächste Generation weitergeben: ... *ut a maioribus natu non auribus modo verum etiam oculis disceremus, quae facienda mox ipsi ac per vices quasdam tradenda minoribus haberemus.* (Plin. epist. 8,14,4)

Diese Grundstruktur ist stilgebend in der römischen Erziehung der frühen Republik und ist unter anderem im zentralen Konzept der *familia* als Reproduktionsraum des *mos maiorum* wiederzufinden: die Söhne der Oberschicht

---

[1] Hier ist natürlich von einem kulturellen Einfluss die Rede, nicht von einem stabilen Bündnis.

begleiteten beispielsweise den *pater familia*s auf all seinen Wegen – selbst in geheime Sitzungen des Senates – um so in das Leben eingeführt zu werden (vgl. Marrou 1957: 342). Dies galt natürlich nicht nur für die Nobilität, sondern auch für die niedere Bevölkerungsschichten. Auch Handwerker oder Bauern reproduzierten ihr Wissen und Können in ihren Kindern durch Einführung in die Praxis. Der Vater war also Erzieher und Lehrer: *Suus cuique parens pro magistro* (Plin. epist. 8,14,6).

Neben dem Vater spielte auch die Mutter eine wichtige Rolle: *Nam pridem suus filius, ex casta parente natus, non in cellula emptae nutricis, sed gremio ac sinu matris educabatur, cuius praecipua laus erat tueri domum et inservire liberis.* (Tac. dial. 28,4). Die frühkindliche Erziehung erfüllte also keine Amme, wie dies bei den Griechen oft der Fall war, sondern die Mutter selbst diente ihren Söhnen (vgl. Eyben 1986: 328). Dadurch prägte die Mutter ihre Söhne stärker und bewahrte sich stets Einfluss auf jene, wie man bei Cornelia, der Mutter der Gracchen, Aurelia, der Mutter Caesars und Attia, der Mutter des Augustus beobachten kann (vgl. Marrou 1957: 341).

Solange der Sohn sich in der Obhut der Mutter befand war er vor allem Teil des Hauses, erst mit dem 7. Lebensjahr übernahm der Vater die Erziehung[2] und führte den Sohn wie oben beschrieben in das öffentliche Leben ein. Der Sohn folgte den Vater dorthin, wo seine Wege ihn hin führten. Auf diese Weise lehrte Cato der Ältere seinem Sohn das Fechten, Reiten, Schwimmen, Lesen, Schreiben und Reden und sah dies als seine höchste Pflicht (vgl. Plut. Cato mai. 20, 5-8). Mit dem Ablegen der *toga praetexta* und dem Anlegen der *toga virilis* im Alter von 17 Jahren, später dann schon zwischen 14 und 16 Jahren, endete die Erziehung durch den Vater. Je nachdem wie der Sohn seinen weiteren Weg einschlug bzw. der Vater es vorsah, folgte ein Lehrjahr bei einem dem Vater vertrauten Feldherren (*tirocinium militiae*) oder einem berühmten Redner (*tirocinium fori*) (vgl. Eyben 1986: 339). Wichtig dabei war, dass auch hier der Vater die Verbindung schaffte: *Ergo apud maiores nostros iuvenis ille, qui foro et eloquentiae parabatur, imbutus iam domestica disciplina, refertus honestis*

---

[2] Töchter blieben in der Obhut der Mutter bis sie verheiratet wurden und lernten von ihr z.B. das Spinnen und Weben. (vgl. Eyben 1986: 337)

studiis deducebatur a patre vel a propinquis ad eum oratorem, qui principem in civitate locum obtinebat. Hunc sectari, hunc prosequi, huius omnibus dictionibus interesse sive in iudiciis sive in contionibus adsuescebat, ita ut altercationes quoque exciperet et iurgiis interesset utque sic dixerim, pugnare in proelio disceret. (Tac. dial. 34, 1-2). Gleichsam erfahren bei Tacitus, dass auch in dieser Phase das Prinzip des Lernens an der Realität bedeutend war.

Die Erziehung durch das System der *familia* war nicht nur Raum der Erziehung, sondern wichtigstes Reproduktionselement. Denn mit der Lehrerschaft des Vaters ging der absolute Machtanspruch, der *patria potestas,* einher. Teil des Gehorsams der Söhne war gleichsam die Gewissheit selbst Inhaber der *patria potestas* zu werden (vgl. Fraschetti 1995: 97). Neben der familiären Gebundenheit der altrömischen Erziehung bestand also auch stets eine staatliche Bindung. Der *pater familias* war einerseits stets das Glied zwischen Staat und Familie, andererseits waren die Familien selbst die stabilen und stabilisierende Einheiten des Staates, in denen das Verhalten von Unterordnung und Gehorsam *eingeübt* wurden. Das System der Macht fand sich dann in der Bildung der staatlichen Organe wieder (vgl. Christes 1975: 132).

So übertrug sich auch die Tradierung innerhalb der Familie auf den Staat. Es entsteht eine eigene römische Identität, die sich aus dem obersten Wert des Erbes der römischen Gesellschaft speißt. Bei Marrou heißt es dazu *Opfer, Verzicht* und *vollkommene Hingabe der Person an die Gemeinschaft* und *den Staat* (1957: 344). Im Vordergrund stehen also die sittlichen Ideale der altrömischen Erziehung - soll heißen die Ideale der Polis im Sinne der Dienste an *gens* und *civitas* (vgl. Christes 1998: 114). Weniger hingegen lassen sich in der altrömischen Erziehung intellektuelle Elemente wiederfinden und wenn dann auch auf zweckorientierte Bereiche abzielende, das Recht beispielsweise.

Die altrömische Bildung ist im Allgemeinen von Pragmatismus geprägt. Alles Wissen zielte auf einen Zweck ab. Die Medizin auf die beste Pflege der Sklaven, die Auseinandersetzung mit der Landwirtschaft auf die Steigerung der Erträge, die Kriegskunst zur Optimierung der Feldzüge usw. (vgl Marrou 1957: 352). Sport zielte auf militärische Ertüchtigung ab, nicht auf Vergnügen, musische Elemente gab es überhaupt nicht (Christes 1998: 114). Im Mittelpunkt der utilitaristischen Erziehung standen dabei immer der Erhalt dieses Wissens und die Tradierung römischer Werte und Ideale, kaum aber das Neue, die *res novae*[3]. Folglich konstatiert Cicero richtig: *Moribus antiquis res stat romana virisque* (rep. 5, 1-2).

Ein solches sich selbst reproduzierendes System muss der Struktur nach ein traditionsbewusstes sein, denn die Nachahmung der Vorfahren ist nichts anderes als Tradition. So lässt sich die altrömische Erziehung auf drei Wesensmerkmale beschränken: erstens auf tradierte ethische Erziehungspostulate, zweitens auf die Reproduktion durch Praxis und drittens auf die ausschließliche Reproduktion für die Praxis. Wollte man die altrömische von der altgriechischen Erziehung in einem Satz abheben so könnte man Marrou folgen, der die altgriechische Erziehung als *Nachahmung der Helden* und die altrömische als die *Nachahmung der Vorfahren* bezeichnete (vgl. 1957: 347).

4. Die griechisch-römische Erziehung

Mit der Expansion des römischen Reiches stieg die Komplexität der römischen Gesellschaft (vgl. Eyben 1986: 340). Die Folge war, dass zunehmend Fähigkeiten und Wissen benötigt wurden, welche nicht durch reines Lernen am Modell zu erwerben, sondern nur durch kontrollierte Unterweisung zu erlangen war. Da sich parallel zu dieser Entwicklung – wie oben aufgezeigt – der Kontakt zur griechischen Welt intensivierte, wich das System der familiären Bildung zunehmend dem der pädagogischen nach Vorbild der griechischen Bildung. Horaz konstatierte: *Graecia capta ferum victorem cepit et artes intulit agresti Latio* (epist. 2, 1, 156). Weiter beschreibt er, dass erst nach den Punischen Kriegen die Römer die Ruhe fanden die griechischen Werke fleißiger zu lesen und deren Schauplätze zu studieren. Horaz zeigt auf, dass die Römer nun selbst begannen solche Dichtkunst in lateinischer Sprache zu wagen. (Hor. epist. 2,1, 161 – 170). Gleiches Nachahmungsverhalten finden wir auch in der Erziehung und Bildung. Dabei wird dieser Prozess durch freie Griechen, als Hauslehrer oder griechische Sklaven mit selbiger Aufgabe vorangetrieben.

---

[3] ein Blick ins Wörterbuch verrät, dass *res novea* eine idiomatische Wendung ist, die der Umsturz, Revolution oder die Neuerungen bedeutet (vgl. Schulze Steinmann 2011). Es zeigt sich also, dass Neuerungen in der Gleichsetzung mit Umstürzen negativ konnotiert waren.

Die griechische Sprache kann dabei als Katalysator betrachtet werden. Griechisch war eine weitverbreitete Sprache nicht nur um die Ägäis, auch im Orient. So war für die römischen adligen zunächst eine Diplomatensprache (Marrou 1957: 358). Folglich galt man als gebildet beherrschte man die griechische Sprache, welche wiederum am besten durch griechische Lehrer oder Ammen erlernt wurde.

4.1 Der griechische Einfluss in der zeitgenössischen Diskussion

Gegen diesen Prozess gab es auch Gegenwehr. So erfahren wir bei Plutarch, dass Cato der Ältere griechische Bildung, Philosophie und Wissenschaft ablehnte. Dabei verteidigte er die altrömische Erziehung und befürchtete die jungen Römer würden mehr jene verehren, die durch Beredsamkeit sich hervortaten, als solche die durch Taten und Kriege Ruhm erlangten (vgl. Plut. Cato mai. 22-23). Aber bereits Scipio Aemilianus sah eben in der griechischen Bildung ein Instrument, eben jene große Taten durch griechisches Wissen mit mehr Weisheit vollbringen zu können (vgl. Christes 1998: 115).

Letztlich deutete Cicero die griechische Bildung als Teil der *usus* und der *utilitas* (vgl. Christes 1995: 6ff) stellte sie damit in Tradition der altrömischen Nutzenvorstellung von Bildung, denn die Rede als Instrument um *die Gunst der Menge zu erobern, Stimmenmehrheit einer Versammlung auf sich zu vereinen, den Mut der Truppe zu beleben* oder *ein Gericht zu Überzeugen* (Marrou 1957: 358) war auch schon vor der Zeit Ciceros ein Bildungsideal, auf das die *tirocinium fori* abzielte[4]. Sprache ist für Römer und Griechen jene Eigenschaft, die ihm von allen anderen Geschöpfen unterscheidet: *Der Geist ist Kriterium des Menschen, und findet durch die Sprache seinen Ausdruck* (Giebel 1974: 13)

Dieser Umstand öffnete nun für Cicero und schließlich für die meisten seiner Zeitgenossen den Zugang der griechischen Bildung und speziell der Rheto-

---

[4] Die Fähikeit der Rethorik war Voraussetzung für Macht, denn in einer Gesellschaft mit begrenzter Verteilung von geschriebenen Wissen und völliger Abwesenheit von Massenmedien konnte Information nur verbal weitergegeben werden (vgl. Rawsen 2005: 147). Somit war jener Träger von Deutungsmacht, der die Fähigkeiten der Rhetorik beherrschte und folglich Informationen instrumentalisieren konnte.

rik auf Basis deren Nutzens, denn nur wer Fachwissen und Eloquenz vereint, könne als guter Redner gelten, folglich der Republik dienen: *Quam ob rem, si quis universam et propriam oratoris vim definire complectique vult, is orator erit mea sententia hoc tam gravi dignus nomine, qui, quaecumque res inciderit, quae sit dictione explicanda, prudenter et composite et ornate et memoriter dicet cum quadam actionis etiam dignitate* (Cic. de Or. 1, 64). Durch seine Bereitschaft sich auf die griechischen Bildungsideale einzulassen, wurde Cicero zum wichtigsten Vermittler zwischen griechischer Bildungsgüter und der lateinischen Welt (vgl. Christes 1997: 668). Dabei war Cicero mit seiner Vorstellung über den guten Redner nicht so weit weg von Cato, der auch vom *vir bonus dicendi peritus* (bei Quint. inst. 12, 1, 1) sprach, wobei jener den Worten weniger Bedeutung gab: *rem tene, verba sequentur* (Cato mai. zit. n. Iulius Victors ars rhetorica: 197, zit. In: Fredeking 2009: 130). Quintilian wiederum vereint die Vorstellung Ciceros über den *universam et propriam oratorem* und Catos über den *virum bonum: Oratorem autem instituimus illum perfectum, qui esse nisi vir bonus non potest, ideoque non dicendi modo eximiam in eo facultatem, sed omnis animi virtutes exigimus.* (bei Quint. inst. 1, 0, 9).

Damit vertieft er Ciceros Vorstellung des universal gebildeten Redners und weitet jenen, um die Tugenden und die Vorstellungen des *mos maiorum* aus (vgl. ebd. 1,0,11-13). Diesen Schritt den Quintilian auf dem Papier vollzog – nämlich die Verschmelzung von universaler Bildung, der γκύκλιος παιδεία, mit den Vorstellungen des *mos maiorum* – war der Prozess, der die griechisch-römische Erziehung prägte: *The Romans had long been adapting Greek culture to their own needs and melding it with native traditions* (Rawson 2005: 149).

4.2 Grenzen der Adaption und Entwicklung der Unterweisung

Die Römer übernahmen weitgehend die *artes liberales,* d.h. den griechischen Fächerkanon (Christes 1997: 667). Dies gilt vor allem für das *trivium*[5]. Das Beherrschen der Sprache – worauf das trivium abzielte – wird dabei nicht als

---

[5] Die *artes liberales* bestehen aus dem *trivium,* zu dem Grammatik, Rhetorik und Dialektik zählen und dem quadrivium, welches Arithmetik, Geometrie, Astronomie und Musik umfasst (vgl. Eyben 1986: 353).

Kunst angesehen, sondern als Zweck. Erneut zeigt sich hierin die Konstante der *utilitas*. Folglich erklärt sich auch, dass das *quadrivium* weniger konsequent übernommen wurde. Athletik oder Musik galten beispielsweise als *verweichlichend* (Eyben 1986: 342; vgl. Quint. inst. 1, 12, 14). Sahen die Griechen in der Musik die Möglichkeit ihre Seele zu bilden, erschloss sich den Römern daraus kein Zweck für Staat und Gemeinschaft. Selbst der Gelehrte Quintilian der stets das Ideal der griechischen παιδεία verteidigte, konnte die Musik nur so weit als sinnvoll begründen, wie sie einen Zweck erfüllte (vgl. Quint. inst. 1, 10, 31).

So griffen die Römer auch nicht den Körperkult der Griechen auf und sahen lediglich den militärischen Zweck in körperlicher Ertüchtigung. Hinzu kam, dass das Nackte auf das Schamgefühl der Römer wirkte und folglich die griechische Knabenliebe, deren Stätte das Gymnasion war, als Schande missachtet wurde[6] (Marrou 1957: 364).

Kommen wir zurück zur Unterweisung. Mit dem Einzug der griechischen Unterweisung zog die Sprache vor allem in die gehobenen Kreise der Gesellschaft ein. Zunehmend gaben Griechen Unterricht, was zur Folge hatte, dass in Rom zunächst der Einzelunterricht geläufiger war. Einen weiteren Grund sieht Quintilian in der Sorge der Römer um ihre Sitten: *quod moribus magis consulant fugiendo turbam hominum eius aetatis quae sit ad vitia maxime prona, unde causas turpium factorum saepe extitisse utinam falso iactaretur* (Quint. inst. 1, 2, 2). Andererseits sieht er keinen Schutz vor Unsittlichkeit durch Einzelunterricht. Im Gegenteil er sieht das Haus als Quelle dessen: *inde soluti ac fluentes non accipiunt ex scholis mala ista, sed in scholas adferunt* (ebd. 1, 1, 8). In höheren Kreisen, sah man das jedoch anders, sodass hier Elementarunterricht vor allem durch Privatlehrer gegeben wurde.

Ob Haus- oder Schulunterricht, zentral blieb das Griechische. Dies spiegelte sich in der Zweisprachigkeit des Unterrichts wieder, *utriusque linguae* (Hor. carm. 3,8,5). Daneben spielte die griechische Literatur als Unterrichtsgegenstand eine bedeutende Rolle. Folglich konnte Bildung nicht mehr singulär

---

[6] Trotz dessen gab es die Knabenliebe auch in Rom. Hier vor allem zu Sklavenkindern und Prostituierten. (vgl. Backe Dahmen 2008: 131)

durch Beobachtung geschehen. Wer sich eine Unterweisung nicht leisten konnte, versuchte das Geld für eine Schule aufzubringen. Jene Institution der *schola* – wenn man denn von Institution sprechen kann – war eben keine öffentliche Anstalt, als vielmehr Privatschule, welche im Gegensatz zur Gegenwart oder zu den zeitgenössischen griechischen Gymnasien keine breit organisierte und materiell geförderte Einrichtung war. Unterricht fand beim Lehrer zuhause, in Zelten, in offenen Hallen oder auf öffentliche Plätzen – meist nur durch ein Tuch abgetrennt vom Straßenlärm – statt (vgl. Backe-Dahmen 2008: 72).

Dabei entsteht neben den Schulen, in denen die griechischen Wissenschaften gelehrt wurden, parallel lateinische Schulen – die Elementarschulen, in dem der Unterricht beim *ludi magister* stattfindet, die höhere Schule beim Grammatiker und die Hochschule beim Rhetor (vgl. ebd.: 346, Marrou 1957: 366). Neben der Schule an sich spielte also der Lehrer eine zentrale Rolle. War dieser zum einen kaum angesehen (vgl. Eyben 1986: 346), hatte er dennoch die Aufgabe die Stärken des Schülers auszuformen und gleichwohl seine Schwächen auszugleichen (vgl. Quint. inst. 2, 8, 1-15). Dem Schüler legte Quintilian gleichwohl nahe seinen Lehrer wie seine Eltern zu lieben: *Plura de officiis docentium locutus discipulos id unum interim moneo, utpraeceptores suos non minus quam ipsa studia ament et parentes esse non quidem corporum, sed mentium credant.* (ebd. 2, 9, 1). Er sieht darin die Möglichkeit, dass der Schüler auf die Anerkennung des Lehrers hinarbeitet und auf sein Wort vertraut (ebd. 2,9,2ff). Hierin zeigt sich, dass es zumindest in der frühen Kaiserzeit eine genaue Vorstellung von intendierter Unterweisung – nämlich des Lernens als Prozess des Schülers unter Aufsicht des Lehrers – gab, welche nicht mehr auf eine reine Reproduktion durch nachgeahmte Praxis abstellte.

Parallel zu der Betreuung durch die Lehrer entwickelte sich ein pädagogisches System. Hierzu gehörte einerseits, dass die Erziehung des Kindes nicht mehr direkt durch die Mutter geschah, sondern zunehmend durch Ammen, meist griechischer Abstammung, bewerkstelligt wurde. Folglich lernten viele Kinder zunächst Griechisch. Quintilian begrüßt dies einerseits: *A sermone Graeco puerum incipere malo, quia Latinum, qui pluribus in usu est, vel nobis nolentibus perbibet, simul quia disciplinis quoque Graecis prius instituendus est, unde et nostrae fluxerunt.* (Quint. inst. 1, 1, 12). Gleichwohl plädiert er für die Sicherstellung der Sprachkompetenzen der Amme und andererseits für eine kontrollierte Zweisprachigkeit. Das Lateinische soll nicht zu spät erlernt werden, da es sonst zur Aussprachefehlern bei den lateinischen Lauten kam(vgl. ebd, 1, 1, 11-13).

Auf die Amme, die *nutrix,* folgte der Pädagoge, der *paedagogus* – meist auch ein griechischer Sklave, welcher die Erziehung ab dem 7. Lebensjahr übernahm und die heranwachsenden Kinder bis zum Anlegen der *toga virilis* begleitete: zur Schule, in Gerichtsverhandlungen, in den Zirkus oder gar ins Theater. Er war dabei für den Schutz und die moralische Erziehung verantwortlich (vgl. Eyben 1986: 349). Demgemäß galt auch bei der Auswahl des *paedagogus* Sorgfalt walten zu lassen: *De paedagogis hoc amplius, ut aut sint eruditi plane, quam primam esse curam velim* (Quint. inst. 1, 1, 8).

4.3 Schulen in der römischen Republik

Kommen wir nun zu den oben aufgeführten Schulen. Im Gegensatz zum Schulsystem der Moderne, welches sich von oben nach unten entwickelte, soll heißen: zunächst das humanistische Gymnasium, später die Volksschulen und erst Anfang des 20. Jahrhunderts die Grundschulen, entwickelte sich das Römische von unten nach oben. Die Entstehung der Elementarschulen lässt sich nur schwer zeitlich eingrenzen. Was feststeht ist, dass ihre Entstehung vor dem 4. Jahrhundert liegt (vgl. Marrou 1957: 366).

Der Besuch der Elementarschule beginnt mit 7 Jahren (Quint. inst. 1, 1, 15ff) und endet mit dem 11. Lebensjahr. Die Schule wurde auch von Schülern aus niederen Bevölkerungsschichten, sowohl von Mädchen als auch Jungen, besucht[7]. Gemischte Klassen fanden sich aber erst in der Kaiserzeit. Unterrichtet wurde das Lesen, Schreiben und Rechnen. So lernen die Schüler zunächst das Alphabet, Silben, dann Wörter und schließlich Sätze, meist moralische Maximen und zusammenhängendes Lesen (vgl. ebd. 1, 1, 24-35) Dabei fand der Unterricht, wie oben beschrieben, in abgeschirmten Läden (*pergula*) oder

---

[7] Wie oben beschrieben bevorzugte die Nobilität den Einzelunterricht. Auch Mädchen wurden eher einzeln unterrichtet (vgl. Plin. epist. 5, 16, 3).

Bretterbuden (*tabernae*) Nach- und Vormittags statt. Das Schuljahr begann im März und wurde wahrscheinlich von Sommerferien unterbrochen (Christes 2001: 234). Strukturell unterscheidet sich die römische Elementarschule nicht von ihren griechischen Pendant (vgl. Marrou 1957: 389).

Dabei bestand eine harte Schuldisziplin, welche durch körperliche Züchtigung durchgesetzt wurde. Die Rute (*ferula*) und die Peitsche (*scutica*) dienten dabei dem Lehrer als Zuchtinstrumente (vgl. Eyben 1986: 351). Bei Horaz finden wir die Erinnerung an seinen Lehrer Orbilius, welchen er als prügelfreudig beschriebt: *plagosus Orbilius* (Hor. epist. 2, 1, 70f). In einem Sprichwort, das dem Abgang der Elementarschule galt heißt es: *manum ferulae subducere* (Juvenalis, zit. In: Eyben 1986: 351). Quintilian lehnt die Prügelstrafe entschlossen ab: *Caedi vero discentis, quamlibet id receptum sit et Chrysippus non improbet, minime velim, primum quia deforme atque servile est et certe (quod convenit si aetatem mutes) iniuria: deinde quod, si cui tam est mens inliberalis ut obiurgatione non corrigatur, is etiam ad plagas ut pessima quaeque mancipia durabitur: postremo quod ne opus erit quidem hac castigatione si adsiduus studiorum exactor adstiterit.* Weiter fragt er: *Denique cum parvolum verberibus coegeris, quid iuveni facias, cui nec adhiberi potest hic metus et maiora discenda sunt?* (Quint. inst. 1, 3, 14;15). Er verlangt die Mittel des Lobes und der Strafe, um die Schüler zu lenken, wobei das ganze spielerisch geschehen soll (vgl. ebd. 1, 1, 20; 26). Folglich erklärt sich auch der Name des Lehrers der Elemantraschule: *ludi magister.* Zu keiner Zeit und in keiner Schulform gab es in der römischen Republik eine Pflicht eine solche Schule aufzusuchen (vgl. Backe-Dahmen 2008: 71)

Der Elementarschule schloss sich der höhere Unterricht an den Grammatikschulen an, welche ab dem 12. Lebensjahr besucht wurden. Im Gegensatz zur Elementarschule blieb die Schule des Grammaticus ein Vorrecht der gehobenen Klassen und hier vor allem für die Knaben (vgl. Marrou 1957: 401).

Der Unterricht zielte dabei auf die *Erwerbung der Fähigkeit zum guten mündlichen und schriftlichen Ausdruck und die Kenntnis der Dichter* ab (Blümner 1911, zit. In: Eyben 1986: 352). Der Unterricht fand zunächst in Griechisch beim *grammaticus graecus* und später auch in Lateinisch beim *grammaticus latinus* statt (vgl. Christes 2001: 264). Aus der griechischen Literatur las man vor allem Homer und den Tragiker Menander (vgl. Eyben 1986: 353). Am Ende der Republik wurden ältere Dichter für die lateinische Lektüre herangezogen. Quintilian führt diese auf und begründet den Lesekanon mit der Auswahl Ciceros oder Asinius: *Nam praecipue quidem apud Ciceronem, frequenter tamen apud Asinium etiam et ceteros qui sunt proximi, videmus Enni Acci Pacuvi Lucili Terenti Caecili et aliorum inseri versus, summa non eruditionis modo gratia sed etiam iucunditatis, cum poeticis voluptatibus aures a forensi asperitate respirant.* (Quint. inst. 1, 8, 11)

Der *grammaticus latinus* betreibt neben der klassischen Dichtung, der *historice,* auch noch die Sprachlehre, die *methodice,* welche noch vor der Rezeption der Dichtung gelehrt wird (vgl. ebd. 1, 9, 1). Dies ist nötig um anschließend die Texte durchdringen zu können, da in den zeitgenössischen Ausgaben Interpunktion und Worttrennungen fehlten (vgl. Marrou 1957: 407), folglich ein Text ohne Vorbereitung kaum flüssig lesbar war. Des Weiteren musste man sich inhaltlich auf einen Text vorbereiten: *Unum est igitur quod in hac parte praecipiam, ut omnia ista facere possit: intellegat.* (Quint. inst. 1, 8, 2). Es geht also um das Verstehen. Dieses zu erreichen, war die Aufgabe des *grammaticus,* welcher dazu den Text vorlas und erklärte: *Et hercule praelectio[8] quae in hoc adhibetur, ut facile atque distincte pueri scripta oculis sequantur, etiam illa quae uim cuiusque uerbi, si quod minus usitatum incidat, docet,...* (ebd. 2, 5, 4). Erst dann rezitieren, bzw. sprechen die Schüler den Text nach. Was folgt ist das Auswendiglernen des Textes (vgl. Marrou 1957: 408). Neben der Grammatik wurden durch die rezipierte Literatur an den höheren Schulen, wenn auch nur rudimentär, allgemeinbildende Bereiche vermittelt – so zum Beispiel Recht, Geschichte und Philosophie.

Die Grammatikschulen gab es jedoch nur in größeren Städten wie Neapel, Mailand oder Rom. Plinius der Jüngere kritisierte diesen Zustand und schlug den Vätern seiner Heimatstadt vor, Geld für eine Schule zu sammeln: *Quantulum est ergo collata pecunia conducere praeceptores, quodque nunc in habi-*

---

[8] *praelectio* ist eine Wortneuschöpfung des Quintilian und bedeutet erklärendes Vorlesen. Der Lehrer ist folglich der *Praelector.* (vgl. Georges 2003: 1855; 1856)

15

tationes, in viatica, in ea, quae peregre emuntur (omnia autem pergre emuntur), impenditis, adicere mercedibus? (Plin. epist. 4, 13, 5). Solche höheren Schulen im ländlichen Bereich blieben jedoch die Ausnahmen und der *grammaticus* war hier zumeist Hauslehrer.

Die jüngste und höchste Schulform, war der Hochschulunterricht. Dazu gehörte die Unterweisung beim Rhetor, dem Lehrer der Beredsamkeit. Auch diese Schulform wurde zunächst ausschließlich in Griechisch unterrichtet. 94 wurde dann die erste lateinische Rhetorikschule von Plotius Gallus in Rom eröffnet. Cicero ließ diese als Zensor 92 durch ein Zensoren-Edikt schließen (vgl. Cic. de Or. 3, 94;94). Das Edikt zeigte jedoch langfristig keine Wirkungen, sodass sich auch der *rhetores latini* durchsetzte.

Die Rhetorikschule wurde ausschließlich für Knaben ab dem 16. Lebensjahr zugänglich (vgl. Eyben 1986: 353). Beim Rhetor wurden ebenfalls hauptsächlich Dichter gelesen; vor allem las man Prosaiker, die Geschichtswerke oder Reden verfasst hatten (vgl. Christes 2001: 265). Dabei gab es einerseits die theoretische Auseinandersetzung mit diesen Werken, anderseits die praktische Anwendung.

Im theoretischen Teil der Unterweisung wurden zum einen die Gattungen der Rede behandelt, wozu die juristische Beredsamkeit (*genus iudiciale*), die politische Beredsamkeit (*genus deliberativum*) und die durch Aristoteles eingeführte epideiktische Beredsamkeit (*genus demonstrativum*) zählten. Andererseits wurde auch der Aufbau einer Rede behandelt: Einleitung, die *interventio*, die Stoffgliederung, sie sogenannte *dispositio*, der Stil, *elucutio*, das Gedächtnis, *memoria* und der Vortrag, *pronuntiatio*. (vgl. Eyben 1986: 354)

Der praktische Teil wurde in Vorübungen, den sogenannten *progymnásmata* vorerst trainiert. Hatte ein Schüler diese durchlaufen wurde ihm gestattet eine erfundene Rede zu einem durch den Lehrer gestellten Thema auzuarbeiten, auswendig zu lernen und letztlich zu halten: *Illud ex consuetudine mutandum prorsus existimo in iis de quibus nunc disserimus aetatibus, ne omnia quae scripserint ediscant et certa, ut moris est, die dicant* (Quint. inst. 1, 8, 2). Meist versetzte der Schüler sich in dieser sogenannte *sausoria* in eine historische Person und hielt einen Monolog oder eine Rede vor dem Lehrer, Mitschülern und manchmal auch vor Eltern und Bekannten (vgl. Marrou 1957: 416). Weitaus schwieriger war für den Schüler die *controversia,* ein fiktiver Gerichtsprozess (vgl. Eyben 1986: 355, Tac. dial. 35, 5), der die höchste Form der *declamatio* darstellte.

Hierin bildet sich bereits etwas ab, was sich im Gegensatz zum bisher Aufgezeigten von der griechischen Parallelität löst, die genuin römische Rechtskunde, die *iuris prudens.* Marrou konstatiert: *Es ist geläufig, das Recht als die große Schöpfung des römischen Geistes zu feiern* (1957: 420). Hier ist weiter vom Auftreten des römischen Rechtsgelehrten die Rede, der das Recht, die Gesetze, die Gewohnheiten und die Fälle kennt, die er in analoger Weise zur Entscheidung gegenwärtiger Fälle anwendet. Die Ausbildung jenes Rechtsgelehrten findet, wie oben in der altrömischen Erziehung geschildert, bis zum Ende des 3. Jahrhundets mit der Rechtspraxis verbunden statt. Erst parallel, aber unabhängig von den hellenistischen Einflüssen des 2. Jahrhunderts, bilden sich öffentliche Rechtsschulen in Rom (vgl. Christes 2001: 266), welche auch zu den Hochschulen gezählt werden können. Cicero hält das Aneignen durch zusammengetragene Lektüre weitaus nachhaltiger als die reine Praxis: *Atque interea tamen, dum haec, quae dispersa sunt, coguntur, vel passim licet carpentem et conligentem undique repleri iusta iuris civilis scientia; Accedit vero, quo facilius percipi cognoscique ius civile possit, quod minime plerique arbitrantur, mira quaedam in cognoscendo suavitas et delectatio* (Cic. de Or. 1, 191; 193). So gilt die Rechtspädagogik erst durch Cicero als eigenständige Schule, was vor allem durch sein verschollenes Werk *de iure civili in artem redigendo* motiviert wurde (vgl. Marrou 1957: 421) Die Vollendung der Rechtspädagogik findet jedoch erst zur Kaiserzeit statt.

17

5. Schlussbetrachtung

Zusammenfassend lässt sich feststellen, dass im Bereich der Schule eine fast ausschließliche griechische Prägung attestiert werden kann. Mit Zunahme der schulischen Bildung fiel zunehmend mehr Gewicht der Erziehung auf das pädagogische System und dieses war, egal ob in der Schule, im Einzelunterricht oder in bei der Betreuung durch Ammen oder Pädagogen, in griechischen Händen und dementsprechend inhaltlich an deren Idealen und Fächerkanon orientiert. Man kann folglich sehr wohl von der Hellenisierung der Bildung und seiner erzieherischen Funktion sprechen.

Gleichsam verschwand die Familie als Organisationsraum der Erziehung nicht. Denn von hier aus weurden weiterhin die Einflussfaktoren, wie die Amme, der Pädagoge oder der Schulbesuch gesteuert und jedwede dieser Entwicklungen stand unter dem altrömischen Zweckdenken der *utilitas,* des Ideals des *vir bonus sowie* modellpraktischen Elementen in Erziehung und Bildung. Man kann folglich nicht von einer reinen Adaption griechischer Ideale sprechen. Doch was war eine römische Erziehung mit griechischem Einfluss, der durch den römischen Wertefilter auf jenes reduziert wurde, was die oben genannten Konstanten zuließen? Es herrschte nicht, wie oft angenommen, ein Spannung zwischen beiden, sondern die Symbiose von *mos maiorum* und hellenistischer παιδεία. Diese Symbiose bestand darin, dass die römische Kultur sich jenes aneignete, was ihr im Rahmen ihrer tradierten Werte zur Fortentwicklung verhalf und die hellenistische Welt, zwar unterworfen, jedoch respektiert weiter existieren konnte.. Doch welche Bedeutung hatte diese symbiotische Erziehung und Bildung für das römische Reich und dessen Herrschaftsbereich?

Geht man davon aus, dass der Erfolg und die Stabilität einer Gesellschaft abhängig von deren Fähigkeit ist, ihre Leistungen zu erhalten, sodass folgende Generationen auf diese Aufbauen können, so ließe sich leicht Erziehung und Bildung als Kern und rotierendes Moment des Kreisels jeder Gesellschaft herauskristallisieren. Gleichwohl muss man sich jedoch bewusst machen, dass Gesellschaft immer ein Netz von interdependenten Einzelakteuren und deren Umweltfaktoren ist; folglich Erziehung und Bildung nur ein zentraler Faktor neben anderen sein kann. Betrachtet man nun die relative Stabilität der römischen Republik, kann man daraus ohne dies anderes belegen zu müssen konstatieren, dass es der römischen Gesellschaft zweifelsohne gelungen sein muss, ihre Kollektivleistungen zu reproduzieren.

So war die Erziehung, die stets auf den Erhalt und die *utlitas* er Taten bedacht war, zugleich integratives und identitätsstiftendes Moment. Der *vir bonus* ist dabei jener Einzelakteur der durch Bildung und Erziehung die römischen Werte im Dienste der Gemeinschaft wirkt und dessen Kollektiv den Staat bewahrt. Damit ist die oben aufgeführte These, dass die Erziehung zentrales Konzept des Erfolges eine stabilen Gesellschaft sei, nicht nur am Ergebnis, sondern auch am Ursprung nachgewiesen.

Mit der Ausbreitung des römischen Reiches trugen die Römer ihre Werte und Erziehungsideale durch ganz Europa. Letztlich tradierte sich damit deren Vorstellungen überregional bis in die Gegenwart: die *septem artes liberales* wurden zum Bildungskanon für mehr als zwei Jahrtausende. Latein wurde im Zuge der Christianisierung nach Griechisch die Gelehrtensprache. Letztlich blieb die Erziehung das Medium, welches eine Tradierung eines Wertekanons in Europa möglich machte, und folglich den Kern einer europäischen Identität darstellen musste, denn auch heute definieren wir uns immer wieder – ist es in der Gerechtigkeits-, Demokratie- oder Nutzenvorstellung – über unsere antiken Wurzeln.

6. Quellen

Cicero: de re publica.   lateinisch-deutsch übers. von Karl Büchner, 1993, Darmstadt

de oratore.   lateinisch-deutsch übers. von Bernhard Kytzler, 1988, München)

Horaz: epistulae.   lateinisch-deutsch übers. von Christoph Martin Wieland, 1963, Hamburg

carmina.   lateinisch-deutsch übers. von Will Richter, 2010, Darmstadt

Plinius der Jüngere: epistulae.   lateinisch-deutsch übers. von Heibert Philips und Marion Giebel, 2010, Stuttgart

Plutarch: Cato maior.   Griechisch-Engschlisch übers. von Bernadotte Perrin, 1996, London

Quintilian: institutio ora toria.   lateinisch-deutsch übers. von Helmut Rahn, 1988, Darmstadt

Seneca: de ira.   lateinisch-deutsch übers. von Otto Apelt, 1993 Hamburg

Tacitus: dialogus de oratoribus.   lateinisch-deutsch übers. von Helmut Gugel, 1981, Stuttgart

7. Sekundärliteratur

Backe-Dahmen, Annika (2008): Die Welt der Kinder in der Antike, Mainz am Rhein.

Christes, Johannes (1975): Bildung und Gesellschaft. Die Einschätzung der Bildung und ihrer Vermittler in der griechische-römischen Antike, Darmstadt.

Christes, Johannes (1995): Cicero und der römische Humanismus. In: http://dochost.rz.hu-berlin.de/humboldt-vl/christes-johannes/PDF/Christes.pdf (02.03.2011).

Christes, Johannes (1997): Bildung. In: DNP 2, 663 -673.

Christes, Johannes (1998): Erziehung. In: DNP 4, S.110 – 120.

Christes, Johannes (2001): Schule. In: DNP 11, S. 263 – 268.

Eyben, Emiel (1986): Sozialgeschichte des Kindes im römischen Altertum, in: Martin/Nitschke (Hg.): Zur Sozialgeschichte des Kindes, Freiburg-Munchen, S. 317-364.

Fraschetti, Augusto (1996): Die Welt der jungen Römer, in: Levi/Schmitt (Hg.): Geschichte der Jugend. Bd.1: Von der Antike bis zum Absolutismus, Frankfurt, S. 79-112.

Fredeking, Walther (2009): Lateinische Redensarten für alle Lebenslagen, Stuttgart.

Giebel, Marion (1974): Quintilian. Über Pädagogik und Rhetorik, eine Auswahl aus der „Institutio oratoria", München

Georges, Karl Ernst (2003): Ausführliches Lateinisch-Deutsches Handwörterbuch, Band II, Darmstadt

Marrou, Henri-Irénée (1957): Geschichte der Erziehung im klassischen Altertum, Marburg

Rawson, Beryl (2005): Children and Childhood in Roman Italy, Oxford

Schulze Steinmann, Stefan (2008): Frag Caesar. In.: http://www.frag-caesar.de/ (01.02.2011)